♪

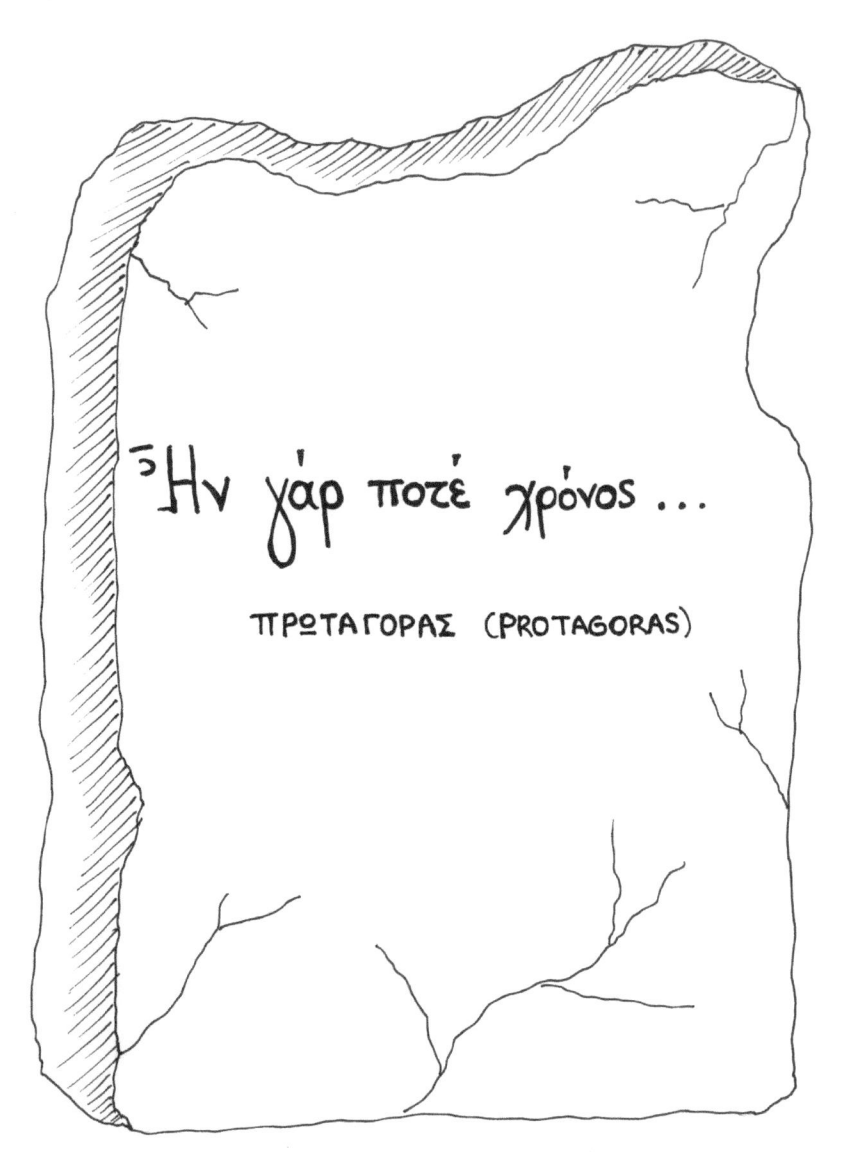

Ἦν γὰρ ποτέ χρόνος ...

ΠΡΩΤΑΓΟΡΑΣ (PROTAGORAS)

The mythic Larisa

A really long time ago, Thessalos, the renowned son of the legendary Jason and Midia, while seeking his luck, came to our place.

The moment he crossed the mesmerizing Valley of Tempi, where Apollo, God of Light, lived with his beloved Daphne, the daughter of Pineios river, in amazement he saw a huge fertile green valley ahead.

Walking along the Pinios River, which is rumored to be the son of Uranus and Tithis, he could never have imagine he had reached his destination.

This is, upon the banks of Pinios, where 4000 years ago legendary Larissos built the town of Larissa, where our story takes place.

On its right, Mount Olympus, the residence of the twelve Gods, reached the clouds. While on its left, Ossa – Kissavos did. On its cone, like a pyramid, the peak Mount Pilio was once placed there by the Giants, Ottos and Efialtis, who wanted only to reach Olympus and dethrone Zeus- Dias, the king of the twelve Gods.

Deeply in the horizon, even more mountains raised and then disappeared again into the clouds.

It was Pindos one of the mountains which gave birth to Pinios through her tears when the Gods decided to take her away from her husband, Liggos, because they were jealous of their happiness.

- "I will stay here!" he thought.

- "I will call this magical land Thessalia!"

…Whichever stone you pick up, you'll hear a story. Whichever twig the sweet wind moves, it will tell you a story.

Such a story did we listen to from our grandpa when we were kids.

A youngster, who could be any one of us, while trying his luck, wants to learn, for the enjoyment, how to speak an unusual language. He wants to learn the language of the frogs.

I keep wondering … will it be useful to him or totally useless? Who knows!

But, whatever one learns to do, it's never a lost cause. This is what our grandpa used to tell us.

And as our wise ancestors say: " you'd better learn and do a craft in case you some time need it".

And that's the beginning of the tale …

Preface

Once upon a time Greeks and other people gathered around the Mediterranean, as Plato had put it; "like frogs around a pond ...", and so they lived and created great civilizations.

One of the most original features of our civilization is folk tales. By word-of-mouth and from generation-to-generation, they have reached us from the antiquity. We took them in our hands deferentially and we pass them on to the next generations, as tradition commands.

We were born and grew up in the heart of the Thessaly plains. Our grandparents would narrate to us old fairytales for many dreamy nights. Under the light of an oil lamp, in which most of the room was under shadows instead of light, the heroes of tales were came alive, sometimes making us laugh whereas some others scared.

Seven plus one timeless folk fairytales from Thessaly, Greece that teach us and yet bring magic to us, plucked from the best moments of our tradition are ready to entertain Greek children as well as children everywhere in the world alike!

The antidote to sorrow is joy. The antidote to hatred is love.

"The language of the frogs" is the first fairytale of this e-book series that has both.

This story teaches us that joy and love in our thoughts bring us good luck.

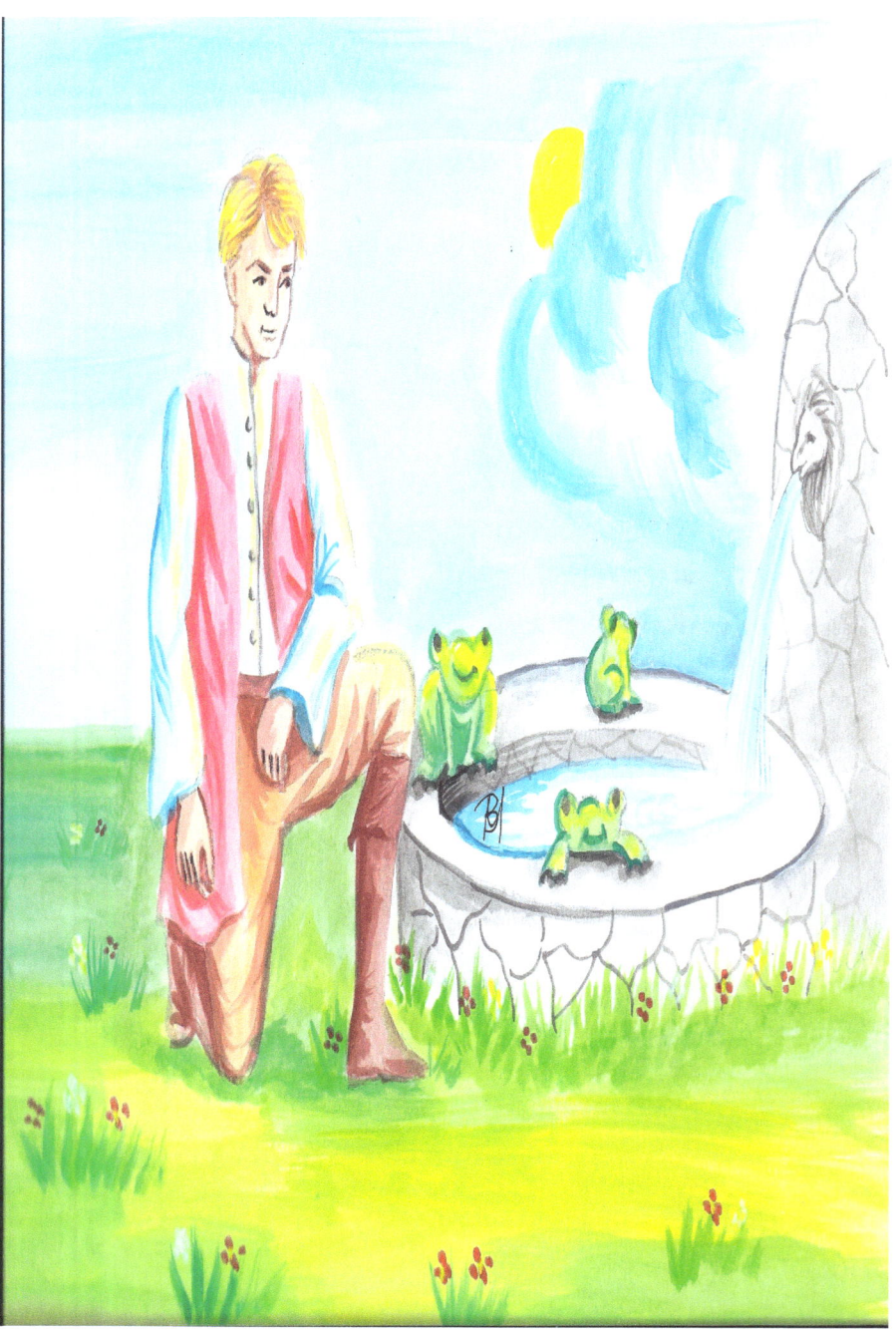

The language of the frogs

Once upon a time there were two friends. One day they decided to seek their luck. So, they started their journey the very next day. Around midday they stopped to take a rest at a drinking fountain. After they had eaten and relaxed, they started chatting.

-Hey, how nice it is here, listen to the frogs, listen to the way they're singing as if they're having a concert, said the one.

-Hey, what a nice melody that is. Ah, if only I understood what they're saying, he repeated again and again.

-I feel like staying here to learn their language.

Soon it started getting dark.

-Come on, let's go now, the night is coming, says his friend.

-I'm not going anywhere, you go. I'm going to stay here 'till I learn their language.

-But, what are you saying now? Don't be daft, is it even possible to learn the language of the frogs?

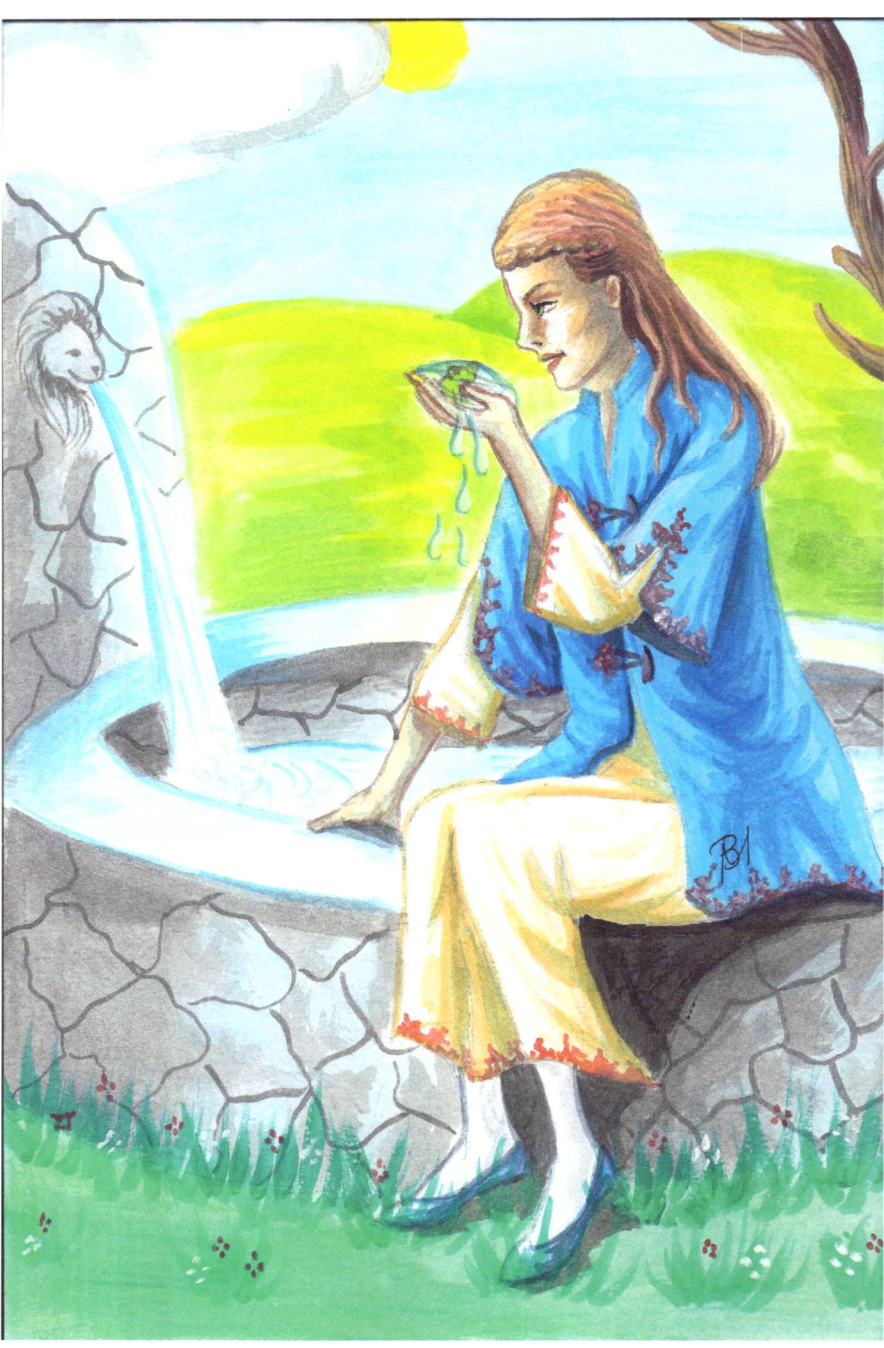

-Hey, come on, let's go, I'm telling you, insisted the other.

-No, I'm not coming, you go on your own.

So, what to do then, after trying more than enough, his friend realized that he couldn't take him by force, so he wished him well and left. The other one stayed there.

While the frogs were singing, he was listening, until he learned their language.

And they understood each other very well indeed. He stayed for one week, he stayed for two, he stayed for three and time was passing by.

Well, one day, out of the blue, the princess of the country with her escort went for a walk in the countryside. As they were playing she got thirsty and bent over a cool spring to drink some water. In her haste, she didn't notice swallowing a little, tiny tadpole. She didn't understand a thing of what had happened.

They got back to the palace and everything was all right. As the days were passing by, the tadpole was getting bigger and bigger 'till it became a frog.

So, every time the princess opened her mouth to speak the frog was catching her up, coming up to her throat and sang.

-Croak, croak, croak, went the frog till she shut her mouth, unable to utter a single word.

The King, her father, was very concerned and he began taking her from place to place to find a cure, but all in vain.

He could find no one to help, anywhere. He was so worried seeing her shrinking day by day and getting thinner and thinner.

So he made an announcement that anyone who would make his daughter well, would take her as his wife.

In the meanwhile the frog was getting greater and greater. Whatever the princess ate he opened his big mouth first and gobbled it up before the food ever had the chance to reach her belly.

In that way the princess was left hungry all the time and the thinner she got, the more the frog in her belly couldn't have enough food. Every time she opened her mouth to talk, he climbed into her throat and croaked ... Croak, croak, croak.

So, the news arrived to our friend as well, who as we have already said, had learned the language of the frogs. At once, he gets up and he goes to the King and says to him:

-Your Majesty, I can make your daughter well, as long as you do whatever I ask you to.

So the King summoned his daughter in front of him. He looks at her closely and says : -It's a piece of cake, your Majesty.

-How are we going to take the frog out of her belly? asks the king in despair.

-We will take him out, he says, but in order to do it I have to stay alone with your daughter.

-And you expect me to leave her alone with you? asked the King, outraged.

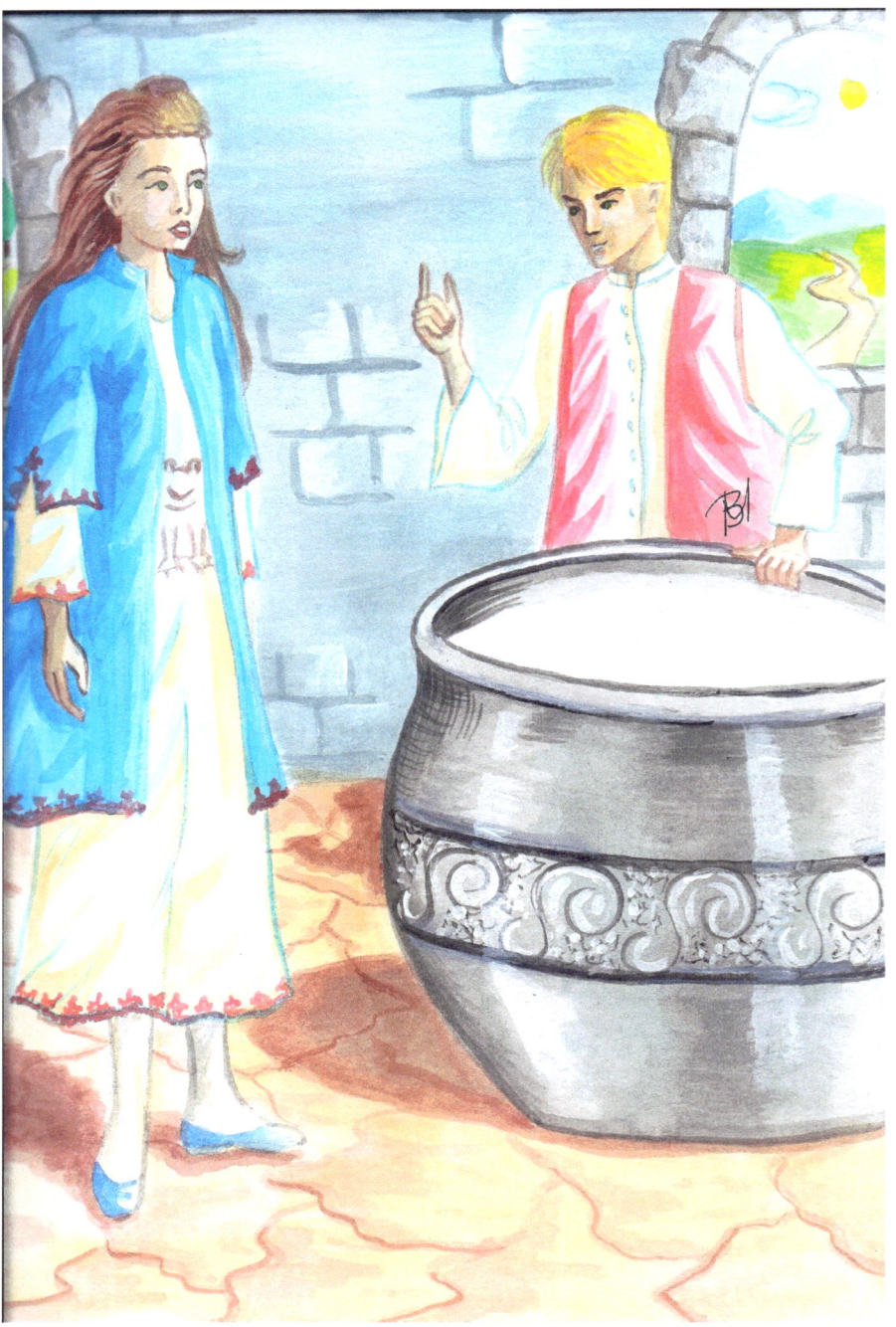

-Oh, if you want, let her, if you don't, don't let her. I can't cure her otherwise.

The King had no choice, not being able to do anything else, did whatever he was asked.

-Bring me a big pot with fresh hot milk in it and leave us alone, he ordered.

They brought the pot with the milk at once and placed it before the King's daughter.

-Now, my beautiful Princess bend over the pot," he said.

The princess bends over the pot, he stood next to her. He began stirring the milk and croaking as if he himself were a frog: -Croak, croak, croak, hey, hello, you down there. My fellow frog, what are you doing down there in the dark ? Haven't you got stiff yet? Come out here where it's heavenly and I've brought fresh milk to treat you.

-Croak, croak, croak. I'm stuck in here, it's dark, it's cramped and I can't get out.

-Croak, croak, croak. Come out here, you can do it, I'm telling you.

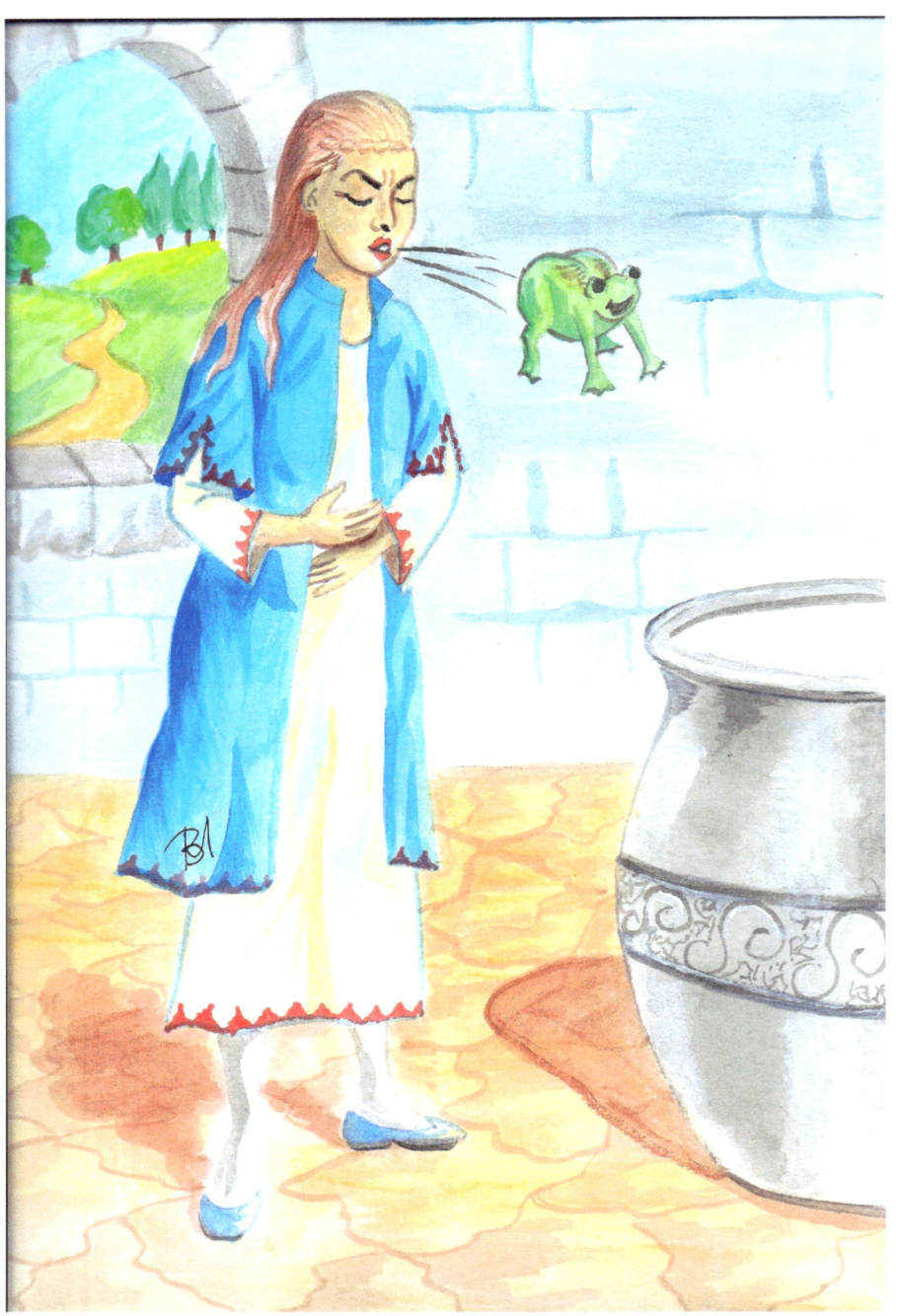

He was stirring the milk and saying again and again: -Croak, croak, croak. Push and you'll get out I'm telling you.

-Croak, croak, croak, I can't get out, the frog answering and get in again.

-Croak, croak, croak, hey you, push I'm telling you and you'll get out, he insisted.

By pushing and pushing very hard he gives a blow and ... he jumps out and drops in the pot with the milk. A frog really huge, enormous I'd say.

As soon as the princess saw him, she fainted. She really dropped dead. And that was that. As soon as the princess came to her senses, she spoke once again.

The King's nearly gone mad with joy. He kept his word and gave his daughter in marriage to the young man.

Of course, they lived happily ever after.

The more the fables, the more the truths.

Η μυθική Λάρισα ...

Τα πολύ παλιά τα χρόνια, ο Θεσσαλός, που ήταν γιος του Ιάσονα και της Μήδειας, ψάχνοντας να βρει την τύχη του, έφτασε στα μέρη μας.

Μόλις διέσχισε τη μαγευτική κοιλάδα των Τεμπών, όπου ζούσε ο Θεός του φωτός Απόλλων με την αγαπημένη του Δάφνη, που ήταν κόρη του Πηνειού ποταμού, αντίκρισε έκπληκτος ν΄ απλώνεται μπροστά του ένας απέραντος καταπράσινος κάμπος. Περπατώντας λίγο πριν στις όχθες του «αργυροδίνη» Πηνειού ποταμού, που λένε πως ήταν γιος του Ωκεανού και της Τηθύος, δε φαντάστηκε ποτέ ότι είχε φτάσει στον προορισμό του.

Στις όχθες του εδώ και 4000 χρόνια, σύμφωνα με μια εκδοχή του μύθου, λένε πως θεμελίωσε ο μυθικός Λάρισσος την πόλη της Λάρισας.

Δεξιά του υψώνονταν μέχρι τα σύννεφα και πάνω από αυτά ο γέρο Όλυμπος, η κατοικία των δώδεκα θεών. Αριστερά του, Βορειοανατολικά υψώνονταν ο Κίσαβος (Όσα). Στην κωνική σαν πυραμίδα κορυφή του πήραν κι έβαλαν το Πήλιο κάποτε οι γίγαντες Ώτος και Εφιάλτης, θέλοντας να φτάσουν στον Όλυμπο και να διώξουν από εκεί το Δία. Ο Πηνειός χάνονταν ανεβαίνοντας προς τη Δύση, προς τα Μετέωρα.

Στο βάθος του ορίζοντα υψώνονταν και χάνονταν στα σύννεφα κι άλλα πανύψηλα βουνά. Ήταν η Πίνδος, που από τα δάκρυα της γεννήθηκε ο Πηνειός, όταν οι Θεοί θέλησαν να τη χωρίσουν από τον άντρα της τον Λίγκο (που είναι τα σημερινά βουνά των Χασίων), επειδή τους ζήλευαν για την ευτυχία τους.

- Εδώ θα μείνω, σκέφτηκε χαρούμενος.

- Θα ονομάσω αυτή τη μαγική χώρα Θεσσαλία.

... "Κάτω απο όποια πέτρα κι αν σηκώσεις θα βρεις να κοιμάται απο κάτω και μια ιστορία", έλεγε ένας γέρο δάσκαλος που είχα γνωρίσει κάποτε στο Πάπιγκο, όποιο κλαδάκι κι αν κουνήσει ο ευεργετικός άνεμος της Μεσογείου εκείνο θα σου πει ένα παραμύθι. Σαν κι αυτό που ακούγαμε κι εμείς από τους παππούδες μας όταν είμαστε παιδιά.

Αυτό το παραμύθι μιλάει για ένα νέο, που θα μπορούσε να είναι ο καθένας από εμάς, γι' αυτό και δεν έχει όνομα. Ξεκίνησε λοιπόν να πάει να βρει την τύχη του και θέλησε πολύ να μάθει μια ασυνήθιστη γλώσσα. Θέλησε να μάθει τη γλώσσα των βατράχων.

Θα του φανεί άραγε χρήσιμη ή μήπως θα είναι άχρηστη γι αυτόν; Ποιος ξέρει; Όμως λένε πως ότι μαθαίνει ο άνθρωπος δεν πάει χαμένο.

Πρόλογος

Μια φορά κι έναν καιρό γύρω από τη Μεσόγειο μαζεύτηκαν κάποτε οι Έλληνες και οι άλλοι λαοί, «σαν βάτραχοι γύρω από μια λίμνη ...», όπως λέει ο Πλάτωνας, έζησαν και δημιούργησαν μεγάλους πολιτισμούς!

Ένα από τα αυθεντικότερα πρόσωπα του λαϊκού μας πολιτισμού είναι τα παραδοσιακά μας παραμύθια. Από στόμα σε στόμα και από γενιά σε γενιά έφτασαν μέχρις εμάς. Εμείς τα πήραμε ευλαβικά στα χέρια μας και τα παραδίνουμε στις επόμενες γενιές, όπως θέλει η παράδοση.

Γεννηθήκαμε και μεγαλώσαμε στην καρδιά του Θεσσαλικού κάμπου. Οι παππούδες μας γέμιζαν πολλές ονειρεμένες νύχτες λέγοντας μας παλιά παραμύθια. Στο χαμηλό φως ενός λυχναριού ή μιας παλιάς λάμπας πετρελαίου, που περισσότερες σκιές γέμιζαν το δωμάτιο παρά το φώτιζαν, οι ήρωες των παραμυθιών ζωντάνευαν και πότε μας έκαναν να γελάμε και πότε να τρομάζουμε.

Επτά + ένα Θεσσαλικά διαχρονικά παραδοσιακά παραμύθια, διδακτικά και μαγικά, βγαλμένα μέσα από τις καλύτερες στιγμές του λαϊκού μας πολιτισμού είναι έτοιμα να ψυχαγωγήσουν τα παιδιά μας και όλα τα παιδιά του κόσμου!

Αντίδοτο της λύπης είναι η χαρά!

Αντίδοτο του μίσους είναι η αγάπη!

Η γλώσσα των βατράχων είναι το πρώτο μας παραμύθι αυτής της σειράς που τα έχει και τα δύο!

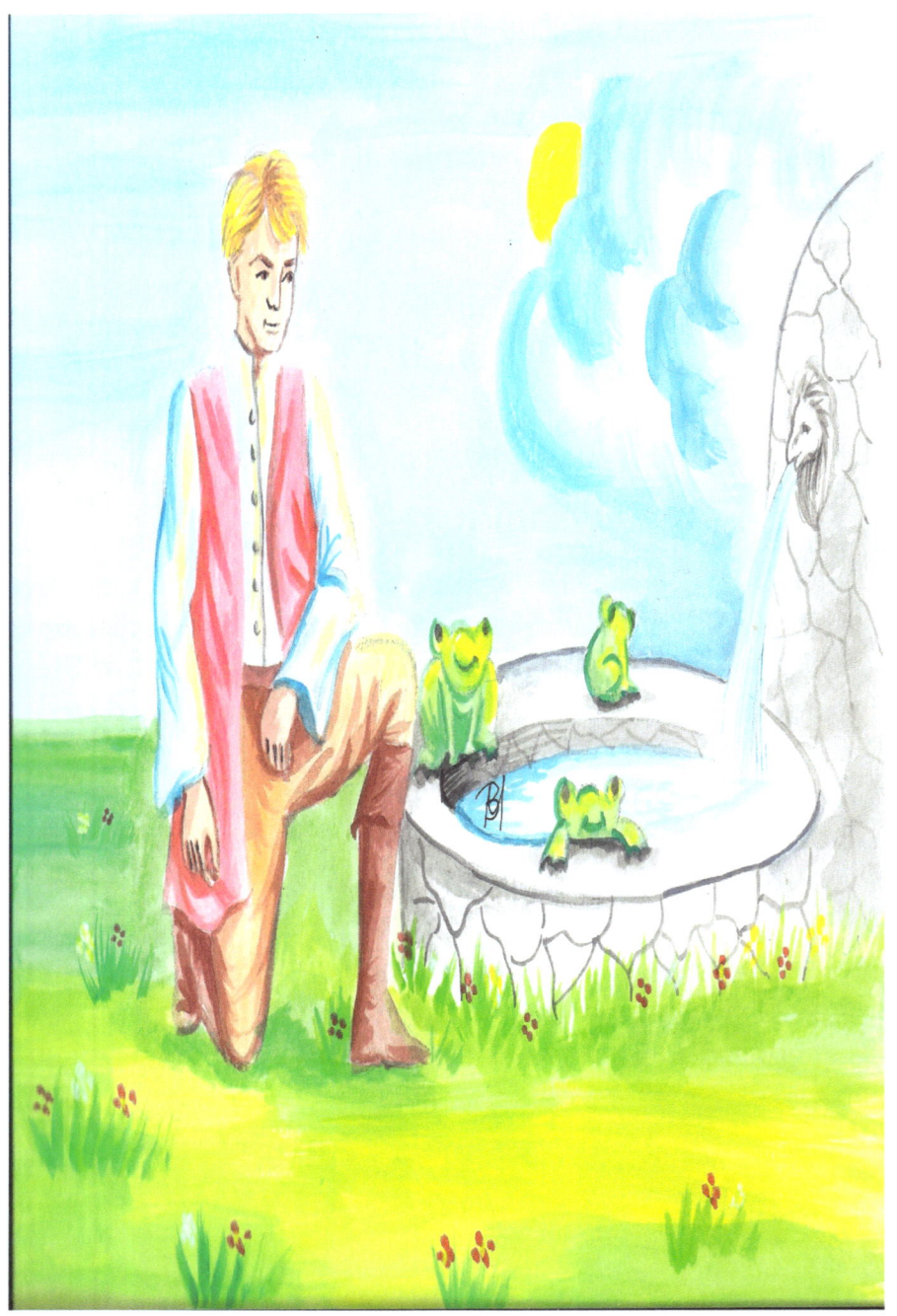

Η γλώσσα των βατράχων

Μια φορά κι έναν καιρό ήταν δυο φίλοι.

Μια μέρα αποφάσισαν να πάνε να βρούνε την τύχη τους.

Έτσι λοιπόν την άλλη μέρα κιόλας ξεκίνησαν και δρόμο παίρνουν δρόμο αφήνουν κατά το μεσημέρι σταμάτησαν να ξαποστάσουν σε μια βρύση.

Αφού απόφαγαν και ξεκουράστηκαν έπιασαν την κουβέντα:

-Μωρέ τι καλά πού 'ναι εδώ! Άκουσε τα βατράχια πως τραγουδάνε! Λες κι έχουν συναυλία! Έλεγε ο ένας.

-Μωρέ τι μελωδία είναι αυτή, αχ και να καταλάβαινα τι λένε. Έτσι μου 'ρχεται να μείνω εδώ για να μάθω τη γλώσσα τους, έλεγε και ξανάλεγε

Σε λίγο άρχισε να νυχτώνει.

-Άντε πάμε τώρα, θα μας πάρει η νύχτα, του λέει ο φίλος του.

- Εγώ δεν πάω πουθενά! Φύγε εσύ! Εγώ θα μείνω εδώ μέχρι να μάθω τη γλώσσα τους!

- Μα τι λες τώρα; Τρελάθηκες ; Είναι δυνατόν ποτέ να μάθεις τη γλώσσα των βατράχων;

- Εγώ θα τη μάθω!

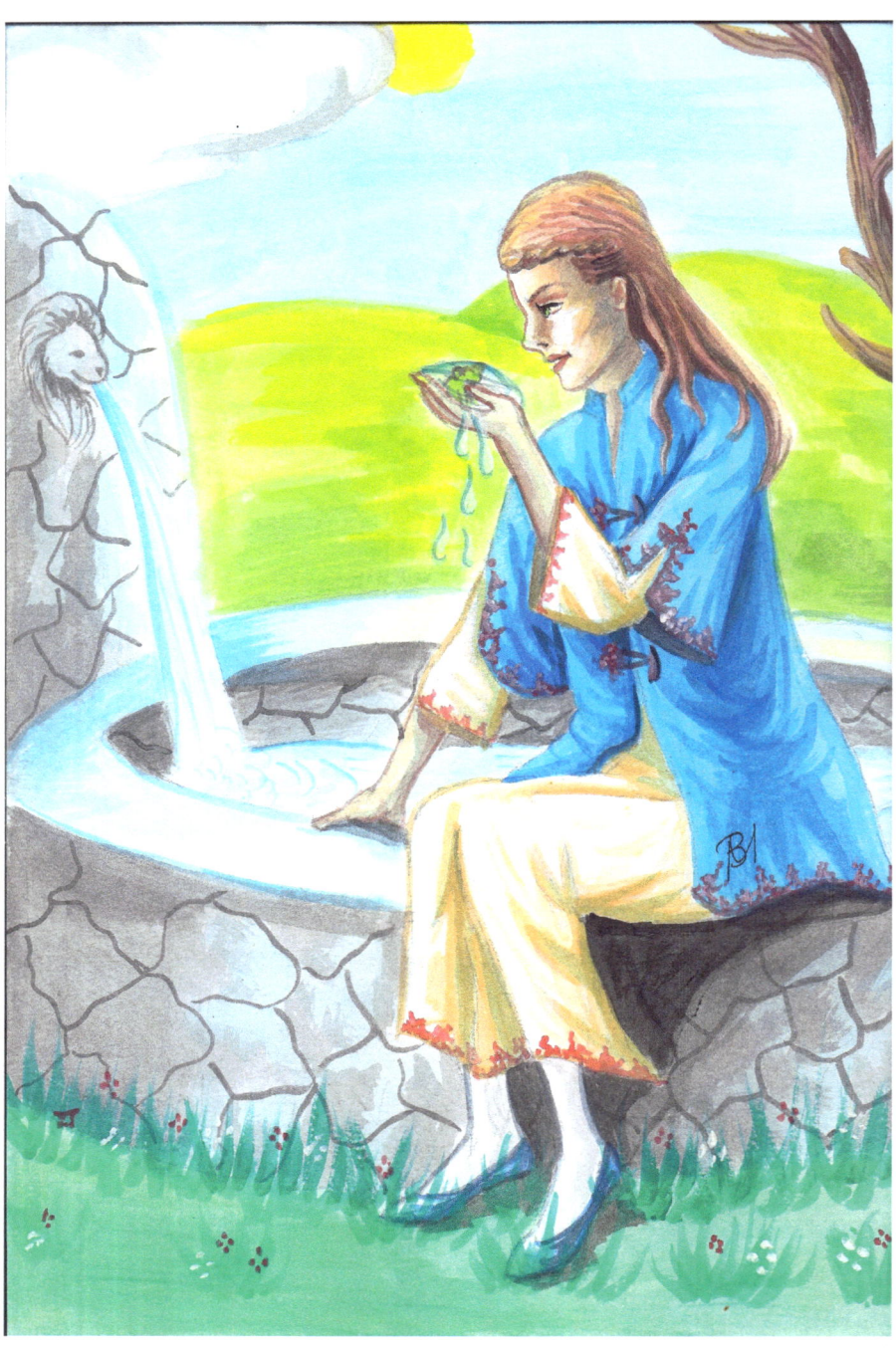

-Βρε πάμε να φύγουμε σου λέω, επέμενε αυτός.

-Όχι, δεν έρχομαι, φύγε μόνος σου.

Ε, τι να κάνει τότε, είδε κι απόειδε ο φίλος του, δεν μπορούσε να τον πάρει με το ζόρι, τον χαιρέτησε λοιπόν, κι' έφυγε. Ο άλλος έμεινε εκεί.

Τραγουδούσαν τα βατράχια, άκουγε αυτός.

Τραγουδούσαν τα βατράχια, άκουγε αυτός.

Μέχρι που έμαθε τη γλώσσα τους, και συνεννοούνταν και πολύ καλά μάλιστα. Έκατσε μια εβδομάδα, έκατσε δύο, έκατσε τρεις, περνούσε ο καιρός.

Ε, που το πας που το φέρνεις, μια μέρα η βασιλοπούλα πήγε βόλτα με τη συνοδεία της στην εξοχή. Εκεί που έπαιζαν δίψασε κι έσκυψε σε μια δροσερή πηγή να πιει νερό. Πάνω στη βιασύνη της δεν πρόσεξε και κατάπιε ένα βατραχάκι. Ούτε που κατάλαβε τι έγινε. Γύρισαν στο παλάτι κι όλα ήτανε καλά.

Πέρναγαν οι μέρες και το βατραχάκι μεγάλωσε ώσπου έγινε βάτραχος. Έτσι κάθε φορά που η βασιλοπούλα άνοιγε το στόμα της για να μιλήσει, την προλάβαινε ο βάτραχος, έβγαινε επάνω στον λαιμό της και τραγουδούσε :

-Βρε κε κέξ κουάξ κουάξ, βρε κε κεξ, έσκουζε ο βάτραχος μέχρι που εκείνη έκλεινε το στόμα της σαστισμένη.

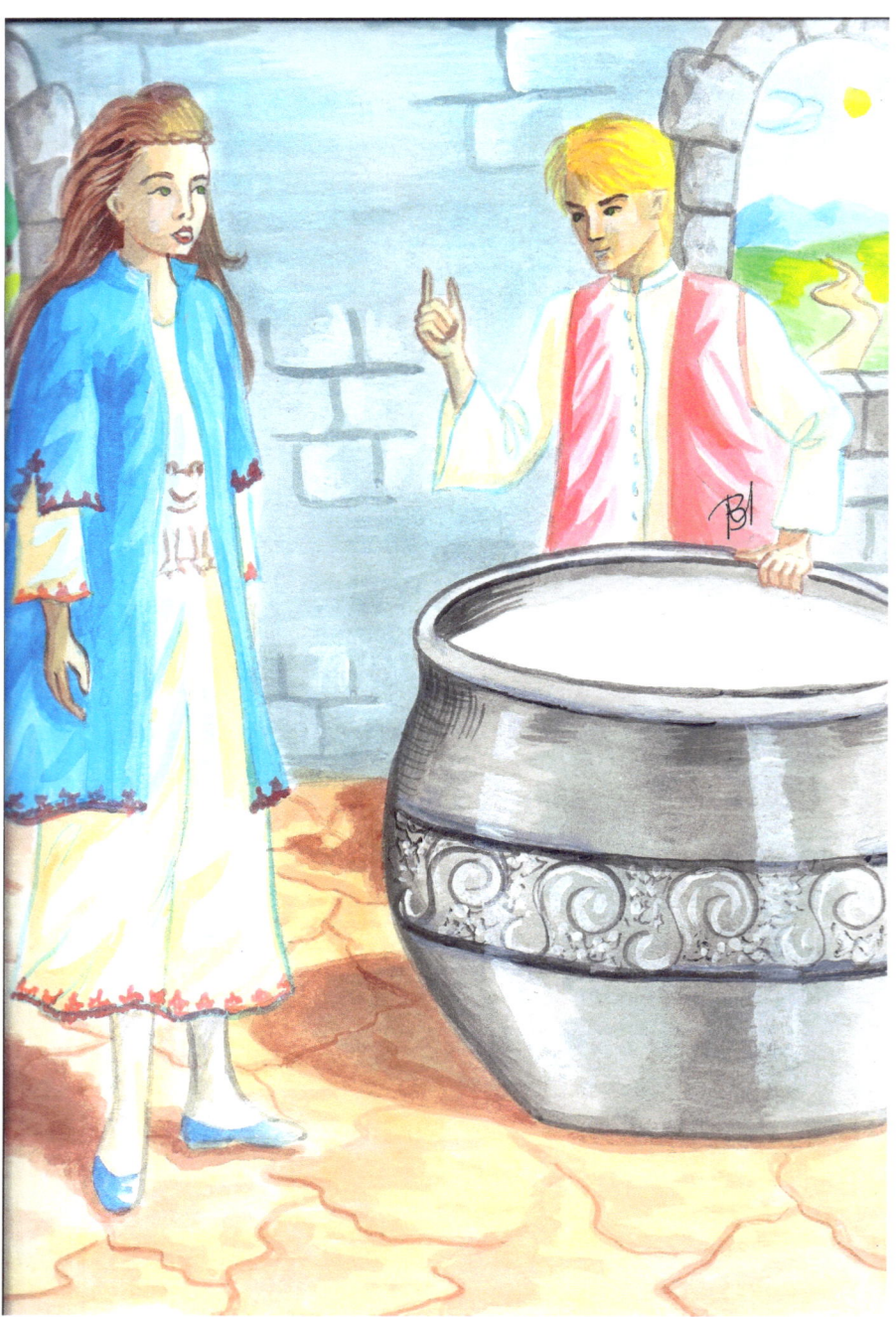

Την πήγαινε από εδώ ο βασιλιάς, την πήγαινε από εκεί να τη γιατρέψει, όμως γιατρειά πουθενά δεν έβρισκε.

Έβγαλε λοιπόν φιρμάνι πως όποιος θα έκανε καλά τη βασιλοπούλα, που κάθε μέρα μαράζωνε κι αδυνάτιζε, θα την έπαιρνε για γυναίκα του.

Ο βάτραχος στο μεταξύ ήταν αχόρταγος και λαίμαργος. Ότι έτρωγε η βασιλοπούλα, άνοιγε αυτός πρώτος την στοματάρα του και χλάπ το κατάπινε πριν προλάβει να φτάσει το φαΐ στην κοιλίτσα της.

Έτσι η βασιλοπούλα έμενε συνέχεια νηστική κι όσο αυτή αδυνάτιζε τόσο ο βάτραχος, που ήταν μέσα στη κοιλιά της, δε χόρταινε.

Κάθε φορά που άνοιγε το στόμα της να μιλήσει, ανέβαινε αυτός μέχρι επάνω στο λαιμό της κι έσκουζε δυνατά... βρεκεκέξ κουάξ κουάξ, πεινάω.

Έφτασαν λοιπόν τα νέα και στον φίλο μας, που όπως είπαμε είχε μάθει τη γλώσσα των βατράχων. Μια και δυο λοιπόν σηκώνεται, πάει στο βασιλιά και του λέει: - Πολυχρονεμένε μου Βασιλιά, εγώ μπορώ να κάνω καλά τη θυγατέρα σου, αρκεί μόνο να κάνετε ότι θα σας πω.

Φέρνουν λοιπόν τη βασιλοπούλα μπροστά του, την κοιτάζει αυτός και λέει: -Δεν είναι τίποτα μεγαλειότατε, θα γίνει καλά η βασιλοπούλα.

-Πώς θα βγει ο βάτραχος από την κοιλιά της; Ρωτάει με αγωνία ο βασιλιάς.

-Αυτό είναι δικιά μου δουλειά, λέει αυτός, αλλά για να τον βγάλω θα πρέπει να μείνω μόνος με τη βασιλοπούλα.

-Και θα την αφήσω μόνη της με σένα;

-Ε, αν θες άφησε την μαζί μου, αν δε θες μην την αφήνεις, εγώ δε μπορώ να τη γιατρέψω αλλιώς.

Τι να κάνει ο βασιλιάς, έκανε ότι του ζήτησε αυτός ο παράξενος νέος.

-Φέρτε μου ένα καζάνι φρέσκο γάλα, και αφήστε μας μόνους, διατάζει τους υπηρέτες του βασιλιά.

Φέρνουν σε λίγο οι υπηρέτες ένα μεγάλο καζάνι γεμάτο φρέσκο μυρωδάτο, αχνιστό γάλα και το αφήνουν μπροστά στη βασιλοπούλα.

-Τώρα όμορφη βασιλοπούλα μου σκύψε επάνω απ' το καζάνι, της λέει.

Σκύβει η βασιλοπούλα επάνω απ' το καζάνι, πάει κι αυτός από δίπλα της κι αρχίζει ν' ανακατεύει το γάλα και να σκούζει δυνατά λες κι ήταν βάτραχος: - Βρεκεκέξ κεκέξ κουάξ κουάξ ! Ειιι, συνάδελφε τι κάνεις εκεί μέσα στο σκοτάδι, δεν πιάστηκες ακόμη; Έλα έξω που 'ναι χαρά Θεού κι έφερα και φρέσκο γάλα να σε φιλέψω.

-Βρεκεκεκεκέξ κουάξ κουααααάξ, είμαι κλεισμένος εδώ μέσα στο σκοτάδι, είναι πολύ στενάχωρα και δεν μπορώ να βγω.

-Βρεεεεέ κεεεεέ κεεεέξ, έλα έξω σου λέω, φώναζε ο φίλος μας.

-Μωρέ δε μπορώ να βγω, είναι πολύ στενά, έλεγε ο βάτραχος και ξανάμπαινε πάλι μέσα στη κοιλίτσα της βασιλοπούλας.

Αυτός ανακάτευε το γάλα κι έλεγε και ξανάλεγε: - Βρεκεκέξ κεκέξ κουάξ κουάξ, σπρώξε και θα βγεις σου λέω.

Αυτός ανακάτευε το γάλα κι έλεγε και ξανάλεγε: - Βρεκεκέξ κεκέξ κουάξ κουάξ, σπρώξε και θα βγεις σου λέω.

-Βρεκεκεκεκέξ κουάξ κουααααάξ, δε μπορώ να βγω. Απαντούσε ο βάτραχος και ξανάμπαινε πάλι μέσα στη κοιλιά της.

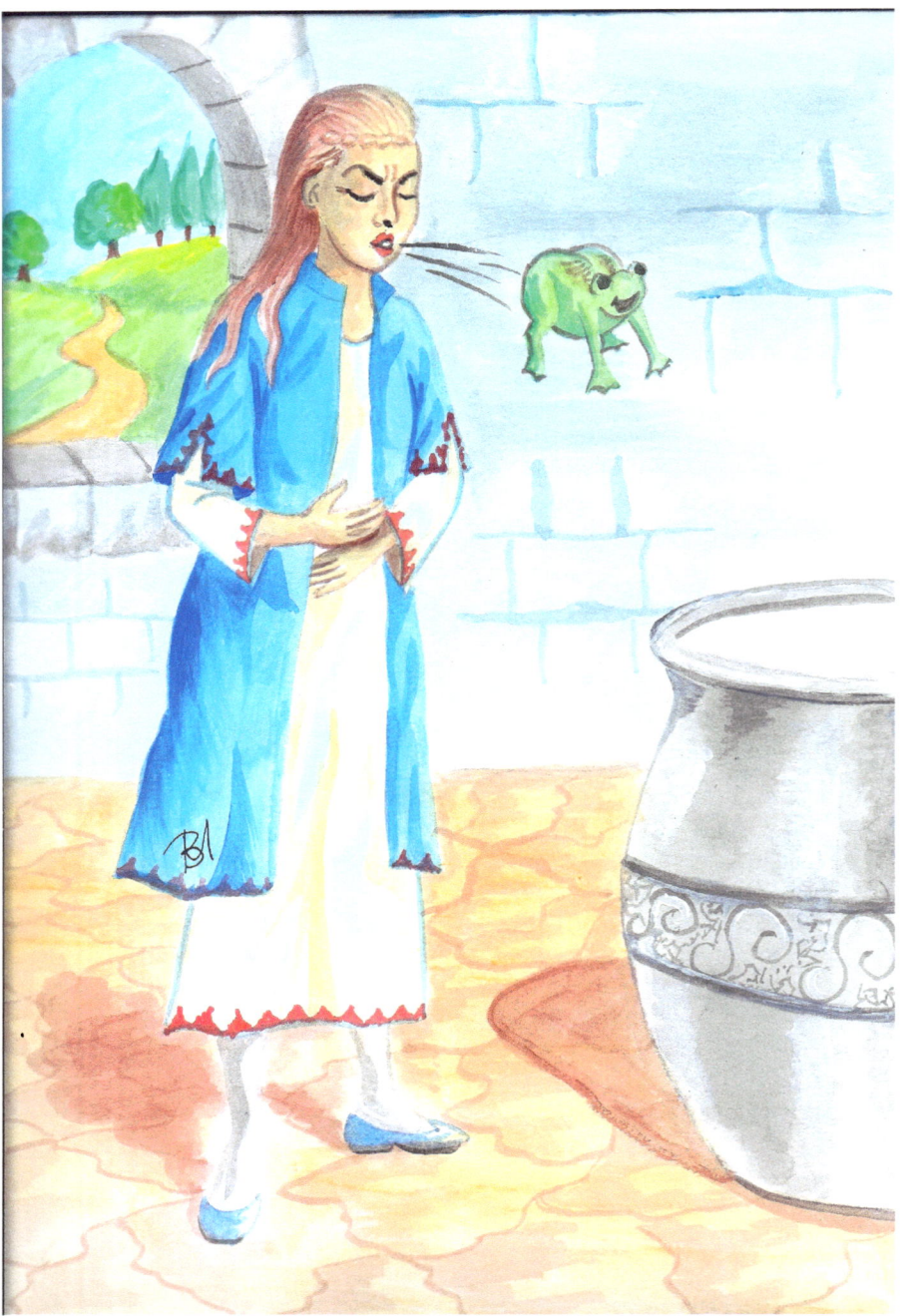

-Βρεεεεέ κεεεεέ κεεεέξ, μωρέ σπρώξε σου λέω και θα βγεις, έλεγε και ξανάλεγε αυτός. Σπρώχνοντας, σπρώχνοντας, στο τέλος τα κατάφερε να βγει. Μ' ένα πήδημα βρέθηκε έξω από την κοιλιά της κι έπεσε μέσα στο καζάνι με το γάλα. Ένας βάτραχος τεράστιος. Με το συμπάθιο ήταν μεγάλος ίσα με μια μεγάλη πιθαμή. Η βασιλοπούλα μόλις τον είδε λιποθύμησε, έπεσε κάτω ξερή.

Αυτό ήταν, μόλις συνήλθε η βασιλοπούλα, ξαναμίλησε όπως μιλούσε πριν.

Ο βασιλιάς κόντεψε να τρελαθεί απ' τη χαρά του. Κράτησε το λόγο του και του την έδωσε για γυναίκα του. Κι έζησαν αυτοί καλά κι εμείς καλύτερα.

Όσα μύθια τόσα αλήθεια.

Authors Bio

Nick Vafeiopoulos or Nicholas Vafio as he is commonly known, lives in Scotland UK for the past 20 years and he is a rising film director. He believes that storytelling is the best and most direct way of communication with the human soul.

Frank Vafeiopoulos Lives currently in Larissa-Greece and he is a professional IT specialist. In his free time he studies the cultural diversity in Greek civilization.

Artist's Bio

Sileia Baxtse is a visual artist, post graduated in Lecce – Italy "Arts Academy".

She is a visual art painter, Byzantine icons painter and Byzantine art conservator. She is also an artistic books illustrator. Currently she is active member of the artistic group "Ombre" in Thessaloniki.

Βιογραφικά

Ο **Νίκος Βαφειόπουλος**, ζεί τα τελευταία 20 χρόνια στην Σκωτία και εργάζεται σαν σκηνοθέτης. Πιστεύει ότι η αφήγηση παραμυθιών είναι ο καλύτερος τρόπος επικοινωνίας με την ψυχή του ανθρώπου.

Ο **Φραγκίσκος Βαφειόπουλος** ζει στη Λάρισα και είναι επαγγελματίας IT specialist. Στον ελεύθερο χρόνο του ασχολείται με τη μελέτη του ποικιλόμορφου Ελληνικού πολιτισμού.

Η **Σίλεια Μπαχτσέ** είναι πτυχιούχος της Ακαδημίας Καλών Τεχνών του Λέτσε – Ιταλία.

Είναι ζωγράφος, αγιογράφος και συντηρήτρια βυζαντινών εικόνων. Ασχολείται με την καλιτεχνική εικονογράφηση βιβλίων. Είναι ενεργό μέλος της καλιτεχνικής ομάδας Ombre στην Θεσσαλονίκη.

Acknowledgements

We would like to give thanks to all our friends who supported us with love to accomplish and publish this traditional fairy tale as an e-book and in paper back form. We would like to thank cordially **Argyro Papoutsi** who translated it with much care being an English teacher, including of course the ingenious adaptation of the original text into contemporary english speech by the professional author **Robert Noble Graham**. We would like to thank especially **Sileia Baxtse**, who illustrated it magnificently with great sensibility. Also we would like to thank **Axougka -Kanaki Katerina** who edited the original text as a philologist professor.

Ευχαριστίες

Ευχαριστούμε πολύ όλους τους φίλους που μας υποστήριξαν με αφιλοκέρδεια και ειλικρινή αγάπη για να ολοκληρωθεί και να δημοσιευθεί αυτό το λαϊκό παραμύθι σε ηλεκτρονική και σε έντυπη μορφή. Ευχαριστούμε με όλη μου την καρδιά την **Αργυρώ Παπουτσή,** καθηγήτρια Αγγλικών, που επιμελήθηκε με πολύ αγάπη την όμορφη μετάφραση στα Αγγλικά, όπως επίσης για την επιτυχή προσαρμογή του πρωτότυπου κειμένου στην καθομιλούμενη αγγλική γλώσσα απο τον εκλεκτό συγγραφέα **Robert Noble Graham.** Ευχαριστούμε ιδιαιτέρως τη **Σίλεια Μπαχτσέ**, που το εικονογράφησε με εξαίρετη ευαισθησία και ευρηματικότητα. Ευχαριστούμε την **Αξούγκα-Κανάκη Κατερίνα** που επιμελήθηκε το πρωτότυπο κείμενο σαν φιλόλογος.

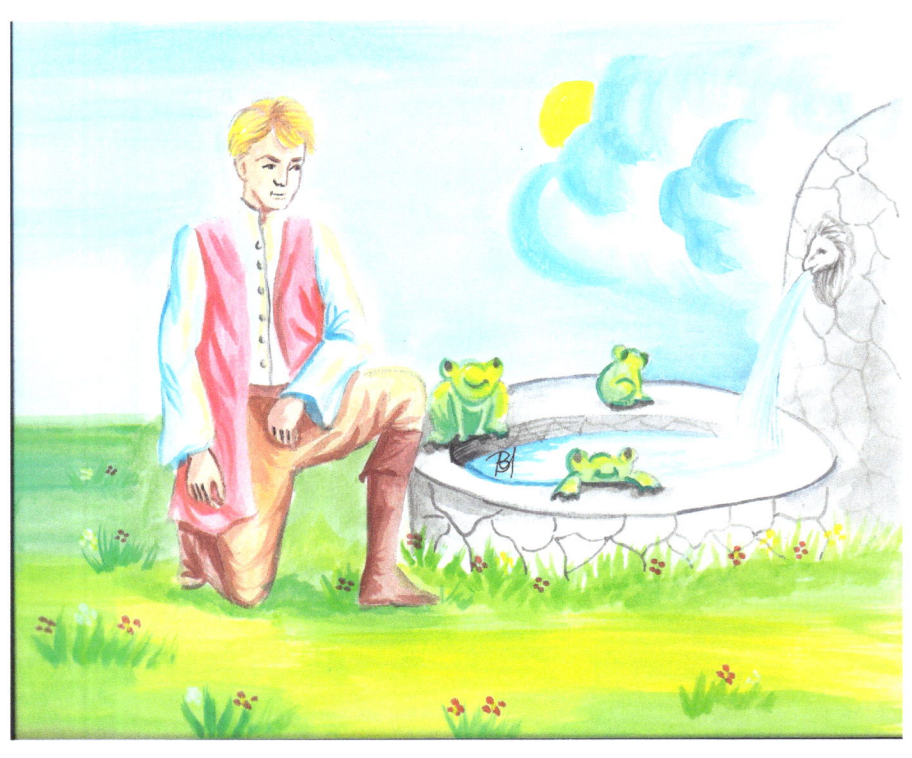

Once upon a time there were two friends. One day they decided to seek their luck.

So, they started their journey the very next day. Around midday they stopped to take a rest at a drinking fountain...

Ages 5-8